휘파람새가 뽑은 가락국수

김일곤 시집

휘파람새가 뽑은 가락국수

2025년 5월 21일 인쇄
2025년 5월 26일 발행

지은이 김일곤

펴낸이 강경호 편집장 강나루 디자인 정찬애
펴낸곳 도서출판 시와사람
등록 1994년 6월 10일 제 05-01-0155호
주소 광주시 동구 양림로119번길 21-1(학동)
전화 (062)224-5319   E-mail jcapoet@hanmail.net

ISBN 978-89-5665-772-1   03810

값 12,000원

＊잘못된 책은 구입하신 서점에서 바꾸어 드립니다.
＊지은이와의 협의로 인지를 붙이지 않습니다.

이 도서의 국립중앙도서관 출판예정도서목록(CIP)은
서지정보유통지원시스템 홈페이지(http://seoji.nl.go.kr)와
국가자료종합목록 구축시스템(http://kolis-net.nl.go.kr)에서
이용하실 수 있습니다.

휘파람새가 뽑은 가락국수

ⓒ 김일곤, 2025
이 책의 저작권은 저자에게 있습니다.
저작권에 의해 보호를 받는 저작물이므로
출판사와 저자의 허락 없이 무단 전재와 복제를 금합니다.

■ 시인의 말

시는 삶을 일으켜 세우는
동력이고
세상이 공유해도 좋을
따스함이다.

깨금발을 뛰며 다가온 시는
마음을 데워 주고
넉넉하게 해주는 벗이어서
오래 함께 살고
앞으로도 더 돈독하게 지낼 참이다.

내가 놓지 않는 한
우주의 더욱 많은 사물이
시를 권하는 친구로
내 마음을 드나들었으면 한다.

2025년 봄
김일곤

휘파람새가 뽑은 가락국수 / 차례

시인의 말 · 7

제1부 구상나무 기억제

14　꽃누르미
16　소쇄원의 여름 별미
18　구상나무 기억제
20　뻐꾹새 마을에서 온 편지
22　애틋한 맨발
24　순장殉葬
26　아버지의 바다
28　휘파람새가 뽑은 가락국수
30　오이꽃 다라니경
32　소 씨의 소금 꽃나무
34　밑의 무게 달기
36　안부
37　어느 푸르른 날에
38　돌쩌귀 사랑

제2부 데칼코마니

어머니의 눈썰미 저울 40

풍경 밥 42

탁설濯舌 44

구시포 꽃게 해물탕 46

초록 잠 48

무채색 인생 50

빈둥지증후군 52

커피로드 53

하늘 속의 밥 54

춘란 소묘 56

술 권하는 홍어 57

데칼코마니 58

우포늪 사생대회 60

플라이보드 타는 선화공주 62

박주가리꽃 2 64

제3부 흰 구름 역 2번 출구

66 라면을 끓이며
68 못줄
70 호랑나비 날다
72 은사시나무씨의 애인
74 주먹밥
76 삶의 바다로 출항하는 시
77 구럼비에 서다
78 흰 구름 역 2번 출구
80 관원觀遠
82 무등산 억새꽃
84 찔레꽃 머리 빨래 말미로
85 하늘 냄새
86 문화동
88 붉은 농게의 옆걸음질
90 인연

제4부 초록은 모서리가 없다

햇빛 샤워　92
모자帽子　93
물뱀의 신발을 신고 놀다가　94
돌탑　96
맹그로브의 꿈　98
눈 내리는 밤　100
땅콩 철학　102
사랑 잣을 물레 생각　103
면앙정 가는 길　104
청보리밭　106
거문도 은갈치 구이 치국장　108
나무 의사 면허증　110
예술 카페 첫눈　112
커피라떼　113
초록은 모서리가 없다　114

작품론
116 　남도의 서정抒情을 이렇게 잘 살려낸 시집이
　　　있다니 / 이승하

휘파람새가 뽑은 가락국수

제1부

구상나무 기억제

꽃누르미

몸속 헛물 게워 내고
꾹꾹 눌러 이별 깃 싹둑 자릅니다.
잠시 꽃 생각 지우고
여시 떨 꿈을 꾸고 있네요.

한 무리 꽃누르미로 부스스 일어나
더불어 숲이 되고
레이스 컵 받침 의자가 되고
정물화로 앉아 노는 날
딱 여시 한 마리 환생한 기분이에요.

한 몸으로 두 세상을 본다는 일은
얼마나 신명이 날까요?

나는 다시 태어나도
꽃이 된다면
새색시처럼 설레발칠래요.

반야봉 노을보다 서너 걸음 예쁜 발걸음으로
섬진강 여음餘音의 어깨에

풍류 한 가락 메어 보겠지만
쥘부채로 실리면 좀 서운할까 봐 다음엔
팔 폭 병풍 꽃밭
벌님에 나비의 생을 빌고 있어요.

이대로 잠이 들까 봐
다시 피어날 기도를 중얼중얼 외운답니다.

소쇄원의 여름 별미

소쇄원 대숲 길 걸으면
지난밤 빗소리로
간을 맞추고
냉장 숙성시킨 대숲 바람에
새소리 고명을 놓는다.

서울 글 친구는
어느새 대나무 이파리처럼 살랑거리는 몸짓,
별서원림을 어느 틈에 다 읽어냈는지
휘파람새 가락에
구룡폭포*를 바람결에 흘리니
개울 물소리처럼 청명하다.

광풍각光風閣 앞뜰은
댓잎 칼에 잘린 치자꽃 향기가
매실 향을 희롱하듯 봄날을 토해 내는데
제월당霽月堂 토방 위에서는
달맞이꽃 닮은 소녀들이
찰칵찰칵 풍경을 채 썰고 있다.

둥근 너럭바위 위에
열두 첩 바람 요리 한 상 차려낸 것은
풍류객을 위해서나 대숲 품격으로나
왜 아니 마땅치 않으랴.

*조운의 시조

구상나무 기억제

만장이 적막을 뒤흔든다.
세 들어 살던 딱따구리
구상의 백골을 촛대처럼 세워놓고
온 산골 떠나갈 듯 곡을 한다.

무덤 앞에
벽소령 청풍 한 잔 따라놓고
장터목 솜사탕 안주 한 봉지 올리니
연하천 물소리 안주 집어 든다.
하얀 바람꽃 한 송이 향불을 사르고
울컥울컥 절을 한다.

천왕봉 천문天門을 걸어 잠근
구상나무 삼절은* 말이 없고
묘지를 흔드는 한 모라기 바람이
풀잎 어깨를 들썩인다.

한 채씩의 적막을 짓고
죽어서도 천년을 견디어야 할 구상의 날들을
떠올리다 산길을 내려온다.

구상나무는 비구상이 되어
산도깨비처럼 서 있다.

＊푸른 구상, 검은 구상, 붉은 구상나무

뻐꾹새 마을에서 온 편지

시침도 분침도 초침도 없는
자작나무 마을
그 산마을에 가면 숲지기 목 서방이 산다.

그는 지난 이십 년 동안 자작나무를
총총 박음질했다.
헐벗은 곳마다 나무를 심으면
산개울은 젖을 물리고
뻐꾹새는 노래를 불러준 일로
나무들은 초록별 지키는 병사가 되어 갔다.

어느 해 가을
뻐꾹새가 보낸 그림엽서 한 통을 읽었다.
나무와 땅을 학대하고
물과 공기를 더럽히는 일이
지구를 아프게 하고 성나게 한다 썼다.
초록 마음이 뚝뚝 떨어졌다.

산이 여태 푸른 것은
목 서방 마음도

뻐꾹새 마음과 매양 같았기 때문이다.

나무 한 그루 심고 가꾸는 일이
천년 초록을 지킨다고
뻐꾹새는 피를 토해 울었다.

애틋한 맨발

냉장고 문을 연다.

몇 개의 미각이 더듬거리고
꽉 다문 사각의 창백한 웅얼거림 사이로
터지는 그녀의 신음

가만히 만지면

탈탈거리는 선풍기 소리, 앰블런스 소리
모창의 악보가 찍힌다.

남몰래 모사를 키워온
늙은 냉장고
버려 말아, 아니 내일은 입양을 보내야겠어!
슬그머니 손사래 치는
손등 너머로
식탁의 깊은 안쪽이 보인다.

아내의 두 그루 무릎 나무
저만큼 길고양이 소리 내며 컴컴해진다.

밤마다 벌어진 경연장은
왜 그리 도돌이표를 남용하는지

승부 없는 모창 경연대회
애틋한 맨발을 닮았다.

순장殉葬

붉은 도미 한 마리
손가락 총 맞고 쓰러졌다.

한 뼘 길이의 생존을 늘려 보기 위해
수족관 바닥에 엎드려 보지만
한 번의 파란波瀾이 고요를 뒤집고 간다.

강태공 영웅담이 오고 가다 멎고
둥근 백자 위에
천사채 분묘 한기 서쪽으로 기운다.

소주 맛을 어찌 알까마는
술자리 앞에 조용히 누운 그녀
천명이 다한 눈치다.

송별연 자리
다듬잇살 같은 꽃잎들 한 잎 한 잎 떠나고
순장殉葬의 길 가는
벚꽃 한 가지 선득선득하다.

그제야
엄지척 세우는 주인장
화대를 챙긴다.

아버지의 바다

석방렴*은
조간대 위에 반달로 뜨곤 했다.

밀물이 빠져나가면
돌담 밑에 미리 넣어둔 통발을 꺼내 물고기를 거두었다.
자연의 은덕을 아신 만큼 겸손했고
조그만 나눔으로 이웃과 마음을 데웠다.

아버지의 석방렴은
욕심부릴 것도 덜할 것도 없었다.
주는 대로 거둠이 다함이다.
큰 고깃배에 눈 돌리지 않는 어부였다.
반달 같은 반 마지기 바다를 사랑하고 아끼셨던 아버지
통증이 자라나는 무릎 나무 이끌고 나가
조차潮差를 해독하며 삶을 건져 올렸다.

그리움은 늘 파도처럼 철썩이고
후회를 벗지 못한 말들은 저만의 섬이 되어 남았고
알았다는 듯 파도치는 아버지의 바다,
묵언의 그림자조차 그립다.

*돌담을 쌓아 만든 원시적 어로 시설로 조수 차를 이용하여 고기를 잡는다.

절창, 휘모리장단으로 넘어가는 대목

문풍지 하얀 떨림 같은 신음. 봇물 터지듯 그 노모 통곡이 절창이다.

터진 쌀자루 곁에 돈, 출세, 행복 같은 말들이 맴돌다 간다. 그동안 나를 다녀간 흔들림은 흔들림도 아니었다.

신산한 삶을 실은 마을버스, 심근경색을 앓는 듯 눈보라 속에 빠진다. 병들어 죽어가는 딸 찾아가는 어미의 피눈물 유리창에 성에로 끼고, 목을 찢는 기침조차 짐이다. '돈이 없어 딸년이 죽게 되었으니, 이년이 죄인이여 이년이 죽어야 헌디 죽지도 못혀!' 그 노모 빈손은 허겁지겁 병원의 문턱을 넘을까?

낯설지 않은 침묵은 깊어 가고, 눈발은 휘모리장단에 무장 빠진다.

휘파람새가 뽑은 가락국수

풍경이 8할이다.

판소리 한 대목 후리는 국숫집
절창 한 가락은 덤이니
길게 줄을 서도 괜찮다.

벚꽃 두어 점 고명 얹은 국수 한 그릇
앞에 놓으면
섬과 섬 사이를 오가는 뜨건 바람
후후 불며 시장기부터 달랜다.

고향 말 시끌벅적한 가락국숫집
추억의 가성비 차고 넘친다.

-휘리릭 휘리릭 휘 휘리릭 휘리릭 휘

귀에 딱지가 앉아도 좋을
휘파람새 소리
무더기무더기 꽃 사태 지는
강 언덕길로

먼 강, 밤새 날아온
하늘색 저고리 파랑 색동의 휘파람새
보릿고개 긴 봄날처럼
길게 울다 갔다.

오이꽃 다라니경*

무문관無門關에 든
초록의 참선 눈부시다.

오이 덩굴 겨드랑이 뚫고
동자승 꽃들이 오종종 걸어 나왔다.

은하를 바라보고 앉은
오이꽃 법당
늙은 농부는
다다귀다다귀 합장하고
다라니경에 빠지고

동자승 염불 소리 가득한 들녘
오뉴월 햇살마루에
청오이 부산한 발걸음이다.

숨바꼭질하듯 풀숲에서
도깨비방망이 같은
오이 몇 개 거두고 빙그레 앉아

다라니경 한 줄 왼다.

*비밀스러운 주문 또는 진언.

소 씨의 소금 꽃나무

마을버스에 오르자
시계추처럼 흔들리는 얼굴들이 있다.

허기와 피곤함 사이로
한숨의 잠이 절박한 까닭은
한 끼 밥을 얻기 위한 휴식과 지난밤 아내의 투정을
다독이고 나온 징후일 수 있다.

선잠이 깨고 나름대로 맞춤하게 일어나
내일 하루를 향해
저마다의 체취로 흩어져 가고

기우뚱, 기우뚱 걸어가는 한 그루 소금 꽃나무
얼마나 간절한 기도가 있었으면
소금꽃이 피었을까?

종잣돈을 마련한다는 소 씨
제비집처럼 매달린 미장 가방이 달그락거릴 때마다
짜디짠 꽃 내가 골목길에 일렁인다.
아들 사업 종잣돈 꽃향기다.

걸어 다니는 소금 꽃나무 한 그루
흰 돛단배처럼 출렁인다.

밑의 무게 달기

푸른 서슬을 따라 내려가
둥근 세상 밑을 만져보면
천하를 휘어잡을 듯 땅바닥 붙끈 끌어안은 양파
간절함이 매운 경계를 선다.

세상 밑은 가볍고
거들먹거리는 이도 많은데
땅바닥 기면서도 밑 잘 가꾸었다.

감자 밑 풍경을 달아보고
마늘 밑이 익은 데까지 걸린 거리 재어보고
뒤꿈치 높은 땅콩 철학 한 대목 밑도 생각해 보고
자작나무 한 땀 한 땀 가꾸어서
천왕봉 뻐꾹새 잘 깎아 파는
목각 새 공방, 공 서방 밑도 만난다.

위를 탐하고 좋아했으나
텃밭을 만나고 자연에 눈 풍경 돌리면서
밑쪽으로 기울었다.

세상 반찬 든든한 밑을 지켜주는
질긴 근성을 좋아한다.
둥글고 푸른 서슬을 못내 흠모한다.

안부

청매화 발돋움하였으니
해 오랜 친구 불러
찻잔에 매화꽃 동동 띄워볼까.

죽마 타고 놀던 벗님들아
매화꽃 아른거리거든
그대 품은 내 마음인 양하고
까치발을 놓게나

맑은 매화꽃 향기
열흘은 멀다 기다려 주지 않는다니
척독尺牘*을 띄울까 죽마를 보낼까?

나는 조바심이 들고

늙은 매화나무 아래
통나무 의자 몇 개 놓아두고
사립문 밖 서성이네.

*안부나 소식, 하고 싶은 말을 전하기 위해 써 보내는 글.

어느 푸르른 날에

꿈꾸고 있는 것들과
언 땅을 겁 없이 헤집고 올라오는
복수초 한 송이와
손을 내밀며 닿을 거리의 호흡을 한다.
돋는 봄을 맞는 그에게 축복을 빌고
그는 뜨겁게 용트림하며
뛰는 내 심장을 안는다.
반짝이는 푸른 옷을 입은 소나무들 사이로
한 詩人이 지어놓고 간
'자화상' 우물 속을 들여다본다.
우물 안은 고요하고 물에 비친 눈빛은 서늘하다.
우물 속에 드리운 햇살과
그가 사랑한 모국어 속살이 살랑거리고
별 하나 오래 머문다.
새해 아침 푸른 하늘과 맑은 바람을
가득 마셔보는 나는
그가 사랑한 조국을 떠올리며
하늘과 바람과 별과 시* 를 읊조린다.
춤추는 한강을 굽어본다.

*윤동주 시인의 시집명

돌쩌귀 사랑

저 실금의 얼룩
뜨거운 시간들이 지르던
아픔이다.

무릎나무 관절에 스민
붉은 와디
아침을 열고 저녁을 닫던
사랑의 문짝이다.

그리움을 벗어놓고 간
낡은 돌쩌귀
어느 날 날개 한 짝씩으로 만나
한 마리 나비가 된 이래
한자리 꽉 물고
한 생을 잘 살았다.

문 열면
푸드덕 날아오를 듯
덜컥 그리운

제2부

데칼코마니

어머니의 눈썰미 저울

밭이랑에 씨앗을 붓거나
미각을 가늠하고
사람살이 하는 도구이기도 했다.

언제부턴가 나도 사용하고 있다.
좀 옹색한 구석도 없지 않으나
조금 더하고 빼고, 곱하고 나누는
눈금으로 영점零點을 잡고
약간의 오차는 허용하며 사용한다.
오차범위 비무장지대가
때로는 융통성을 발휘하고
사람 냄새를 풍기는 것 같아 다행이다 싶다.
그래도 사랑을 간 맞추거나
세상 눈높이 가늠할 때면 조심스럽다.

오감이 작동되는 눈썰미 저울,
언행이 작동되는 지표라 더 사용할 거다.
감각과 균형이 어우러지고
나를 태우고 다니는 가마와 같은
말살이와 글살이의 옷

날이 갈수록 품이 잘 어우러지고
더 여물어
사람 사이, 간도 잘 맞춰나갈 것이다.
오감五感의 정량을 달고

풍경 밥

지리산 둘레길은 어디를 따고 들어도
둘레길이다.
산새 한 마리 들 듯
출렁! 들고 나면 그뿐, 누구나 반갑다.
지리산 둘레길에서 먹는 밥은
시도 때도 없는 참 별난 밥이다.
아무리 먹어도, 배가 부르지 않고 서둘러 먹어도
체하지 않는다.
잠자리 겹눈으로 걸어가면서 먹어도
누구 하나 탓하지 않는다.
어느 산자락 돌다가
통나무에 걸터앉거나 너럭바위에 앉아
뻐꾹새 소리에 비벼 먹어도 탈이 없고
그저 로맨틱한 밥이다.
먹고 나면 풍경물레 하나 오롯이 돌아간다.
물레 가락지에
초록 물소리가 감기고
산마을 빗소리가 감기고
하늘을 쓸고 가는 구름의 빗자루 소리가 감기고
어느 산마을 처녀

노을 진 손수건이 팔랑거린다.
노고단 삼신할미께 물어볼라치면
지리산 햇빛과 바람과 초록과 산도랑 물로 지은
풍경 밥이라 그런단다.

탁설 濯舌

능구렁이 한 마리
똬리 틀고 앉아 더께 낀 혓바닥
후두두! 후두두!
비 꽃 젖은 댓잎으로 씻는다.

남의 말 툭툭 분지른
세 치 혓바닥도
후두두! 후두두!
여우비 젖는 바람으로 씻는다.

세월 따라 낀 마음의 때
씻고 씻어 간들
이생에는 턱없겠지?

그러니
죽부인으로, 소쿠리로, 쥘 부채로
세상에 걸어나가
시나브로 무너지고 흩어져 흙이 되고 바람이 되고
또 무엇이 되어 씻어 가리.

먼 훗날
죽녹원 바람 밭에 와
저 산도랑 건너갈 수 있다면
물빛 같은
구절초로 피리라.

구시포* 꽃게 해물탕

밀물이 깃발처럼 돌아오네요.
나는 당신을 향해 달음질쳐 가고 있어요.

등대가 보이는 창가에
그날처럼 앉았어요.
꽃게 해물탕을 유난히 좋아했던 당신
언제 왔는지 소주잔 부딪치며 하얗게 웃고 있어요.
이렇게 찾아온 것은
문득문득 그리운 추억 때문이고
헛 미소 지은 까닭은
눈물 놓아 드리려고 그래요.

고향 바다를 지켜야 한다고 어부가 된 당신
무슨 일이 그렇게도 급했던가요?
걱정하던 도련님은
청년회장이 되어 어촌을 이끌고 있어요.
당신의 햇살을 붙들며
우리 모자 굳건하게 살아요.

소금꽃 물방울들이

우리 마음을 아는지 모르는지 끓고 있어요.
꽃게가 빨간 꽃으로 피어나고
그 한때의 행복이 간을 맞추며 노을처럼 끓어요.

'그래, 너희들은
보글보글 끓고 있는 꽃들이야,
내 사랑이야.'

* 전북특별자치도 고창군 상하면 자룡리 소재.

초록 잠

온몸이 매의 눈인가 봐
먹빛 어둠 환히 볼 수 있는 너는

만나지 못한 시간 미리 내다보고
따뜻한 자리 사양하며
뭉텅뭉텅 혼잣말 꺼내곤 하였지.

헛눈 염려하여서
찬바람 문구멍에 눈 대고
어우렁더우렁 긴 밤 헤아렸지.

돌아갈 곳 지운 채 고여 있는 기다림이 지루해지면
잠을 청하기도 하고
초록빛 노래를 부르기 위해
주름살이 늘어갔지만
결코 초록 꿈 놓지 않았어.

경험 많고 칼솜씨 좋은 농부,
늦은 밤 불빛 가까이 앉아 씨감자 눈을 캐고
상처 소독시켜

이랑이랑 햇볕 속에 받아 뉘었지.

마침내 봄 햇살 품고
어떤 흙덩이라도 밀고 솟아오를 힘으로
초록 손수건을 흔들면
재빨리 봄이 왔어.

무채색 인생

갯벌은
삶의 뒷모습을 닮았다.

저뭇한 낮은 몸짓은
발원하는 어머니 뒷모습 같기도
이별을 애도하며
고갯 숙인 여인네 같기도 하다.

세상 무채색들은
상처 끝에서 온 게 아닐까
갯벌은 흙의 상처 끝에서 오고
아낙네는
삶의 질곡 끝에서 온 게다.

그러나
잿빛 위에 웃음 지어 보이는 까닭은
뜨거운 삶을 향한
땀의 뒤풀이 아닐까?

찻잎 우려 향기 내듯 자식 빛나게 거두려고

생의 유채색 다 우려내고
물속 닻처럼 익는 것이다.

만선 하여 어둑어둑 갯강을 건너는
저 잿빛 어부는.

빈둥지증후군

나무 한 그루 새 한 마리 없는
난, 난 민둥산
문풍지 끝에 대숲 바람 불고
휘파람처럼 외로워서
허공 둥근 달만 바라본다오.
푸석한 헛간 귀퉁이에
벗어놓고 간 빈 지게 하나
돌 고샅 깔끄막 길 끌어다 놓고
깔딱 숨만 쉬는구려.
당신이 여우살이 매듭짓지 못한 것들
귀 빠질까 서러울까?
둥지 틀어 마감지었소만
아들딸들 소식 한 통 없구려
옛날처럼 오일장 갔다가
하얀 도포자락만 펄럭이지 말고
나 좀 데려가 주오.
날마다 외로워 죽고 잡소
어쩌다 꿈길에 오시느라 퇵이 날까 걱정이오.
이럴 땐 그냥 덜컥 죽고 잡으오.
어서 날 좀 데려가 주오.

커피로드

펄펄 끓는 커피잔
커피 가루와 설탕을 휘휘 저으면
휩쓸리어 돌던 것들이
입 안에서 웅얼거린다.
시계 방향으로 대여섯 번 젓고
그 반대로 서너 번 젓다가
맛을 보는 커피향기
작은 커피잔은 설탕을 채 녹이지 못하고
땀방울과 눈물이 반짝이던
그 커피잔을 해독해야 한다.
햇살이 커피 농사를 짓고
히말라야 산그늘이 커피 향을 낸다는
말레 마을 커피 농사법
먼 수출길 떠나 보석으로 돌아왔다.
열매가 커피인 줄도 모른 어둠이
빛으로 나올 수 있었다.
세상인심이 만든 작은 커피잔 속에
가진 자들이 지은 베틀이
웅크리고 앉아 있는

하늘 속의 밥

남겨놓은 까치밥 뻔한 것이
허공 속에 환하다.

그 일로 인연 하나 따라오고
내게도 반갑게 불러줄 이름이 생겨서
끼니때면 바라보곤 한다.
까치가 기별을 넣었는지
딱새와 한 끼를 나눈 것을 보았다.

어느 아침, 나는 까치를 부르고
까치는 딱새를 부르는 조촐한 조찬
그 연쇄반응이 빛났다.

아침 햇살이 밥을 데우니
하늘의 마을에도 동동거리는 발자국들이 들리고
너나들이 따뜻해지는
하늘의 밥 몇 송이

찬 바람이 불거나
파르라니 눈 온 날 아침은
엄마의 목소리, 환청으로 들린다.

바람 속에 깃을 접는 까치와 그 벗들이
올겨울에도 무탈했으면.

춘란 소묘

입춘 느린 바람은
송림松林에 봄눈 받아 뉘고
날렵하게 빼어 든
가을 달빛 같은 호수

노루라도 한 마리 내렸으면 하는 밤
어머니 하얀 적삼 같은 가락 옷* 서늘히 입은 춘란
백황색 산 반중 투 용천 칼날
동쪽 창가에 번득거린다.

매화 눈 뜨는 소리 시샘하듯
밤은 깊어 가고 창가에 눈은 또 쌓여 가는데
저 혼자 골똘하게 앉아
세상 어둠 한 자락
싹둑싹둑 베어 내는가!

*물레로 실을 자을 때 가락에 끼워 실을 감아 내는 종이 또는 지푸라기.

술 권하는 홍어

야반도주해 왔다는 흑산도 홍어
질항아리에 숨었다.
벚꽃 활짝 피니 맞춤한 때라
언제 불려 나갈지 모른다.
질항아리 안에서 짚 한 줌 움켜잡고
게슴츠레한 눈이 되어서야
향기가 깊어 갔다.
과부 속마음 어찌 알랴마는
배꽃 피는 환한 뒤란 뒷물치고 나와
삼합 미각 한 채 입에 물린다.
하얀 꽃잎 술잔에 이녁 마음도 동동
한 순배 돌고 나면
육자배기 가락에 추임새 넣고 있는
엉덩이마다 들썩이는 봄밤이다.
홍어 축제의 밤은 무장 깊어 가고
앵두처럼 농익은 말재간들에
영산포 봄밤이 어깨춤을 춘다.
얼쑤 좋다! 얼씨구 좋다!
북 장단에 길게 술잔이 돌아간다.

데칼코마니

위뜸 살던 점순 누나
지 엄마 세월을 복사한 달이었다.

술지게미 먹고 학교에 간 날
반나절이나 취했다는 그녀
꽃처럼 커서
한 동네 아래 뜸으로 시집을 가더니
지 엄마, 달을 닮아 갔다.

세상 어머니들이 그랬듯이
혈육 간에 웃음꽃 피우고 사랑을 가꾸며
엄마 노릇을 했다.

2인분의 생을 산 1인분처럼
엄마 그림자까지 빼닮았다.

풍문에 들리는 미문만 듣다가
고향에 간 날
누나 마음, 절반을 몰래 접어 왔다.

간혹 달을 바라보는 날은
세상에서 가장 둥근 마음 한 소쿠리
담아 오곤 한다.

우포늪 사생대회

햇살 한쪽 끌어당겨
우포늪을 띄우니
낮으락 높으락 앞서거니 뒤서거니 푸르다.
초록 섬들을 이은 듯 그린 듯
드넓게 펼쳐놓은 수초 공원
사생대회가 열린다니 오늘 하루
그 틈을 비집어 볼 생각
수생식물들이 거북처럼 기어다니고
천 길 벼랑 건너뛰기도 하는데
태양은 신의 손을 빌어 선반을 놓았다.
꽃잎에 입 맞추고 다니는 나비
눈길을 끌며 햇살을 희롱한다.
마름꽃 엽서가 걸린 풍경 몇 장 찍었다.
어깨걸이로 물의 신전에 걸린다.
우포늪 하루 살기 가성비가 기울지 않고
초록의 감각들이 촉촉하게 스민다.
우포늪 갤러리 대상은
하늘이 기획하고 가시연꽃이 공연한 부채춤,
차상은 빨간 잠자리 떼가
텀블링하듯 물수제비 뜬 풍경이었다.

우포늪이 미소 짓고 있는 하늘
다람쥐처럼 뛰기도 기기도 하며
저물녘 노을이 진다.

플라이보드 타는 선화공주

병이 되었나 봐요.
그리움으로 날마다 물마루에 서요.

서동 임의 마술 망태에 숨어들걸 그랬어요.
그냥 모른 척 따라나설걸
사랑의 찜부럭만 하고 있어요.
꽃 본 듯이 날 좀 보라고
하늘재 호수 주크박스 위에 서지만
매양 하는 몸짓이
지랄 탄 타다 꺼지는 꼬락서니거나
물에 빠진 생쥐 꼴이에요.

물 위에 춤추는 가락이 되기 위해
한복을 차려입고
밀양아리랑에서 진도아리랑까지
선율에 올라서는 일이
그날 달빛 언약에 달려가는 길이에요.

내 18번지는 밀양아리랑이에요.
접시꽃 도랑치마 입고

노을 마루 날고 있어요.

꽃 본 듯이 날 좀 보러 오세요.

박주가리꽃 2

늦가을 서리태 걷다 밭둑에서
박주가리 꽃대를 보았다.
주자를 새기고 서 있는 모습이
새봄에 보낼 소포 같다.
마른 꽃대에 손이 닿길 기다렸다가
날개를 달며 날아오른다.
들녘을 떠받쳤던 힘도
노곤한 나의 허리를 떠받쳤던 힘도
저 '아니다'란 의지의 결기란 걸
이제 비로소 깨닫는다.
눈부신 한 아름 결실을 안고
바람의 새가 되어 날아간다.
바람벽 헤쳐 넘어
어느 노승의 반짇고리를 지키고
찢어진 삶의 옆구리도 꿰맬
바늘싸개 솜이 되기 위해 얼마나 헤맬 것인가?
이별과 바람을 지켜보면서
꽃씨들이 잘 가길 바랐다
간절한 소망이 있어 꽃이 피고,
세상은 또 한 번 향기로
가득 차오르겠다.

제3부

흰 구름 역 2번 출구

라면을 끓이며

얼큰하고 시원한 맛이 생각나
라면을 끓일 때면
프러포즈하던 그 애 배꼽에서
꼬르륵 소리가 난다.

압축될 대로 압축되어
바싹 마른 서러운 시절 한 모퉁이
펄펄 끌어안고
알 듯 말 듯한 미각들이
그 비릿한 우지 끝에 얽히고설켜
명치 끝을 치고 오르면
웃다가 눈물이 난다.

한소끔 그렇게 허기가 끓고
갖은 맛과 입담을 쏟아내던 라면
곱슬곱슬한 면발의 맛 내기는
연애의 고난도 기술을 닮았다.

들숨 날숨이 숨가빴던
어느 분식점 둥근 양은 상 위에

그날의 꽃담이 피어오르고
파 송송 썰어 달걀 탁!
그 탱탱한 추억이 끓는다.

못줄

제 몸을 풀기도 감기도 하며
한 자루 펜촉이 되어 우쭐우쭐 시를 썼다.

사타구니에 흙탕물 얼룩을 짓고
논둑에 앉아 먹는 못밥은 공동체 통꽃,
손과 발이 꽃술이고 꽃잎이다.

푸르러져 가는 나락 논 나락 포기마다
가락을 타며
사람으로 향해 가는 마음 길이 환하게 열리고
종종걸음이 오종종히 정겹다.

이웃의 일도 내 손금처럼 보고
삶의 맞춤법을 맞추는 들녘!
어떤 일독도 견뎌내며 기쁨의 알곡을 거둔다.

헛간 벽에 걸려있는
흙냄새 묻어난 낡은 못줄, 솔솔 풀어보면
고된 잠 한 짐 지고 부스스 잠이 깬 아버지
"농사는 잘 지었냐?" 묻는다.

잠자리 곁눈 같은 소몰이꾼 아버지
평생 땀으로 지켜온 회보 논, 강언덕 목화밭
올해도 농악이 울면
오산사 사성암 목어 타고 오시게요.

옆구리 꾹 찌르면 인정 속으로
땅은 늘 애틋한 그리움으로 열린다.

호랑나비 날다*

마당 가 치자꽃 아래서
잠이 들었다.

치자 꽃잎이 한들한들 내려와서
흐린 눈을 씻고 가고
또 어떤 꽃잎은 회오리바람처럼 내려와서
귀를 씻고 가고
또 어떤 꽃잎들은 손발을 씻고 가고
또 다른 꽃잎들은 눈꽃처럼 내려와
코와 입을 씻고 갔다.

내 한 시절이 그렇게 저물고
종각의 종소리를 다 받아내며
오동꽃이 피던 날
허옇게 서리가 내린 그는 하늘의 별이 되었다.

선득거리는 바람결에 눈을 뜨니
그가 머물던 자리에 호랑나비 한 마리
치자 꽃향기 불어가는
돌담을 넘고 솔숲길을 따라서

팔랑팔랑 눈이 부시게 날아가고 있었다.

＊『장자』「제물론」에서 인용.

은사시나무씨의 애인

철없이 매달리고 싶었던 것
처음엔 꼭 은사시나무씨만 좋은 건 아니었겠지만
결국 매달리고 싶은 쓸쓸함이
너무도 간절한 것이어서
한 잎 한 잎 눈물이 스몄던 것
그러다 열없어 먼 산마루 먼둥먼둥 바라보기도
하였겠지만 산마을 그가 그리웠던 것
그렇게 번진 그리움
그녀 마음이 노랗게 번져간 것
알싸한 샛노랑 외침은
가을 산기슭 쓸쓸한 메아리 되어
살진 그리움이 되었던 것
그렇게 꼭 한 번은 매달리고 싶었다는 내력,
사랑은 영원한 현재진행형인 줄만 알았던 그녀
그러나 문득 이별이란 기척 앞에서 사랑님이 그리워
노란 손수건을 꺼내 눈물 닦고 말았던 것
살랑살랑 서풍은 불어와
더 매달리고 싶었다는 것
아니 앙탈이라도 부리고 싶었던 것
은사시나무씨만 바라보던 그녀

끝내, 그 가슴에 사랑의 불을 질렀던 것
그랬던 것.

주먹밥

소금에 간을 맞춘
한 덩어리 주먹밥
지그시 뭉쳐 피어난 밥 꽃,
밥알이 스크럼을 짜고 일어선다.
둥글둥글 몽돌이 되어
충장로로, 금남로로, 도청 앞으로
또 어디론가 굴러간다.
둥긂의 안팎에 감기는 억압과 눈물과 허기
복숭아만 한 주먹밥이 쥐어질 때마다
하나의 밥 송이가 되고
또, 또 누군가의 밥 송이가 되어
거뭇거뭇 굴러간다.
나에게도 굴러와 벌떡 넘긴다.
울컥울컥 허리 잡고 넘어간다.
더 세어진 밥 송이
정의의 눈알 하나가 되고
또 평화의 날개가 될 것이다.
상처 속에서 개복숭아같이 피는 밥 꽃
또 한 개의 주먹밥이,
백 개의, 천 개의, 만 개의 주먹밥 되어

총칼을 받아내며 굴러간다.
민주의 밥이 되어
오월의 꽃이 되어

삶의 바다로 출항하는 시

목련꽃 눈부신 오후
아이들이 운동장에 협동화를 그린다.
날랜 아이가 윤곽을 그려나가면
또 어떤 아이는 세밀한 부분을 그리고
또 어떤 아이들은 그 선 위에
백회 옷을 입혀 나갔다.
도드라진 그림을 자랑하는 재주와
꼬꼽한 흙알을 밀어 올리는 선의 예술이
파노라마로 펼쳐진다.
봄을 자랑하는 나무처럼 푸른 아이들이
꿈을 싣고 오대양 육대주를 출항할 배처럼 보였다.
부두에 만국기가 펄럭이고
뱃머리에 태극기가 선명하다.
출항의 뱃고동 소리가 길게 울었다.
나무막대기는 붓이 되고 백회는 물감이 되는
동심들이 펼쳐놓은 꿈 잔치
다듬잇살 같이 여물어 갈
시인이 되고 화가가 될 것이다.
꿈을 실은 수만 톤의 배
거센 파도 힘차게 헤쳐 갈 것이다.

구럼비에 서다

구럼비가 떨고 있다.
뼈만 앙상한 등에 구멍이 뚫린다.
살덩이가 뭉텅뭉텅 떨어진다.
불꽃이 또 한 번 하늘을 뒤덮자
물질하던 해녀들 손을 놓고 넋을 잃는다.
그는 파도의 등받이였고
해녀들의 바람막이가 되어 주었다.
그런 그가 비명 꽃을 피운다.
파도에 몸 뒤척이는 소리
소금꽃 향기가 허공에 아직 비릿하다.
이젠 어디서 들을까?
만장이 되어 가로막아 보지만 어림없다.
구럼비야, 조금만 더 견뎌다오.
더 많은 만장을 들고 올 거야 정신 놓지 마!
괴물 굴삭기가
어미 구럼비 자궁을 싹 긁어 내린다.
새끼 구럼비가 벌벌 떤다.
바수어진 구럼비 신음인가.
짜디짠 모래바람이 거세게 휘몰아친다.
선혈이 낭자하다.

흰 구름 역 2번 출구

정년퇴직은 뜬구름 놀이터였다.
하품이 몰려올 때면 나는
흰 구름 역 2번 출구로 나가
극락강 슬하에 하늘 텃밭을 가꾸었다.

드림흥정하듯 허공의 이랑에 씨앗을 붓고
해와 바람과 별과 농사를 지었다.

욕망의 풀은 강물이 매고
무료의 풀은 흰 구름이 매고 갔다.
소출도 없는 농사였다.

바람의 신발 한 켤레가
다 닳은 후에야
인생 팔레트에 유채색을 채운다.
흰 구름 역 2번 출구로 나갈 때면 언제나
나를 맞아 주는 제2의 인생 텃밭

흙 속에 호미 넣고 흙냄새 맡으며
뒷귀 풍성한 텃밭을 가꾼다.

오이꽃 선반을 놓고, 깻잎을 따고
저문 저녁 씨감자 눈을 캐는
인생 텃밭 몇 평

관원觀遠

지창智窓*이 써 준 글씨 한 점
서재에 걸어두고 보는데
묵색과 묵향이 그윽하다.
곧은 뜻 갈고 닦으며
붓을 세워 세상에 기량을 뽐낸다.
붓 길은 섬진강처럼 유유히 흘러가고
시심은 화엄사 흑매처럼 고고하다.
어지러운 마음 꾹꾹 누르며
서書의 집을 짓고
영혼을 해맑게 갈았다.
멀리 있어도 그 마음, 바람결처럼 흐른다.
산에 오르는 날 많아지고
가파르게 높았던 산도 멀리 바라보면
허리 굽혀 키를 낮추고
지평선처럼 낮은 곳, 푸른 침묵의 뒤에
평화와 고요와 사랑이 한 자리다.
햇살 좋은 무등 산마루에 앉아
길어만 가는 안부 바람결에 묻곤 한다.
들쑥날쑥한 마음도 불러들이고
날 넘은 생각 주저앉혀 놓고

마음의 죽비를 내리면
관원이란 그 말, 짧았으나 긴말이 되어
내 마음 일깨운다.

*서예가 김종윤의 호.

무등산 억새꽃

무등산 억새꽃 온몸으로 운 것은
어제오늘 일이 아니다.

무등 솔빛과 산비둘기 보듬고
극락강 물거울에 내 몸을 비추며 살다가
아카시아꽃 피는 오월,
푸른 꽃봉오리들이
자유가 한없이 그리워 울다가 갔다.

가을날 장불재 오를 때면
바람에 기대어 우는 갈대들의 몸짓
더 깊어지곤 했는데
그건 잔인한 세월의 탓
아- 장미꽃보다 붉던 핏빛 목소리

비둘기는 서석대 산국을 흔들다 가고
억새꽃은 무등산 장불재 물레새 되어 울다 가면
그날의 설움, 설움, 일어나
제 몸을 하얗게 사윈다.

아, 바람 불어와 바람이 불어와
빛고을 순백의 꽃 소담소담 피워
무등 이마 눈이 부시다.

찔레꽃 머리 빨래 말미로

강언덕 찔레꽃 필 무렵
징검다리 건너며 물장구칠 때
소스라치게 놀란 프러포즈
첫눈처럼 왔지

찔레꽃 머리 빨래 말미로
달빛 창고 카페에서
차 한잔하고 돌아오는
플라타너스 푸른 길

꽃반지 끼워 주며 바라보던
초롱초롱한 눈 너무 깊어
붉은 동백꽃 한 송이
심장에 불 인두로 새겼지

내 마음속 해맑은 풍금 소리
울려 퍼질 때면
사랑의 불가에
쿵쿵 달려오는 그리움

하늘 냄새

거울을 보듯
하루에 한 페이지씩 받아서
읽고 있는 하늘

누구의 숨길이 있길래
살며시 흘러드는 '하늘 냄새'*인가

강 언덕에 앉아
가슴을 열고 달려가면

동주의 별 헤는 밤이 있고
목화솜을 잣는 어머니의 물레가 돌고
고흐의 해바라기꽃이 핀다.
야윈 마음이
살이 찌고 맑아진다.

오늘도 천상 정원이
펼치고 있는
동영상 명작소설을 읽는다.

*법정 스님의 「오두막 편지」에서 따옴.

문화동

마을 이름을 음미하며 웃곤 한다.
양산동, 우산동, 농성동, 염주동, 임동, 산수동,
그런데 유별하게 문화를 내세웠다.
골목에 들어서면서 牧牛風으로 걷는다.
눈으로 볼 것도 귀로 듣고
촉각으로 새기기 안성맞춤이 된다.
허름한 시멘트 블로크 담벼락
濃淡을 풀어 文化를 벽화로 걸었다.
처마가 닿을 듯 낮은 집과 집 사이
탈춤 한 마당이 어우러지고
담벼락 돌멩이는 사람 얼굴로, 꽃으로
금이 깊은 벽은 물푸레나무가 산 냇물에 쪽물을 풀었다.
꽃사슴이 골목길을 열어가고
어느 골목은 낮이어도 발길 망서릴까 봐
종이비행기 길라잡이 세웠다.
텅 빈 집 마당 가
대문 편지함을 지키던 강아지는
낮잠에 빠져 일어날 줄 모르고
얼마나 바빴는지 흘린 운동화 한 짝 애타게 울고 있다.
감성 촉수 높은 예술가들이

흉물스러운 담벼락을 화폭 삼아 그려놓은
풍경과 이웃 사람을 향한 따뜻한 마음들
고향에 온 듯 다정하고 따숩다.
문화동은 역시 문화동답다.

붉은 농게의 옆걸음질

붉은발농게가 옆걸음질 치며
꽃 한 송이 들고 러브 콜을 하는데
망둥어가 농을 건다.

아따, 저놈!
세 걸음을 못 벗어나네. 그려
검을 든 증장천왕*처럼 눈을 부릅뜬 저놈
언제 사랑 탐까지 배운 걸까?
사랑은 옆걸음으로 한다는 걸

탱자나무 골목 큰 감나무 집 순이 누나
백구두 오빠 옆걸음질에 넘어갔던가? 어쨌다던가?
석류꽃 붉게 피던 비망록을
떠올려 보는데

농게란 놈, 무장 거품을 물며
붉은 다리 꼿꼿이 세우는 짓 보소
암컷이 눈웃음치며
저만큼 러브 펜션 안으로 든다.
맨발이 뻘 구멍에 허벅지까지 빠질 때마다

뽀골뽀골 흰 거품을 흘렸다.

오지랖 넓은 바다는
푸르디푸른 파도 코러스를 넣고
맥없이 이녁 몸만 질척거리는 망둥어 철벅거림 너머

저물녘 노을이 붉다.

*남방 하늘을 지키는 천왕.

인연

장미꽃에 앉은 물방울을 보고
소스라치게 놀랐습니다.
내가 꽃이었다가 이 어름에 와
물방울이 되어 만납니다.
한 찰나 함께 빛났던 향기로
구름으로 흐르고
햇살 속에 머물러 빛날 것을
황홀하게 생각합니다.
무궁한 우주에 한 방울 물방울인 당신과 내가
꽃잎 위에 춤추고
목련꽃 입술에 환하게 웃습니다.
함께 흘러감이 동행이라
때로 우리라 불러도 즐거움이 되는
바랑이 풀잎 위에서
서로를 발견하고 진주처럼 반짝일 때
이 유랑의 날들이 따스해집니다.
가끔 허공에 무지개다리를 놓고
찰나의 숨결을 불어넣는 접촉,
물방울이 물방울을 알아보는
설렘으로 영롱합니다.

제4부

초록은 모서리가 없다

햇빛 샤워

저 살구나무 누가 써 보낸
봄날의 심부름일까?
캥거루 눈을 뜨고
살구나무 샤워기에 몸을 맡기면
햇살 방울 사지 타고 흐른다.
나는 보송보송 부풀어 오른 살구꽃
저만큼 봄꽃 같은 소녀들이
봄날에 가 닿아보려 팔짝팔짝
산은 키질을 한다.
살구나무 신은 봄 햇살이
파르르 분내를 풍긴다.
까치발 떼는 살구나무 한 가지
한 모라기 바람에
꽃차도 한 잔 날라 온다.
윤 팀장이 쏜 눈총 한 발
살구꽃 벤치에 앉아 생각해 보니
속내는 살구나무 오지랖 한 번
재어보고 오라는
말 장구 치는 소리였다.
봄날 한 채 짊어진 노랑나비
봄동산을 훨훨 날아올랐다.

모자 帽子

모자라면서 쓰고
모자라며 벗는다.

잘못 들으면
어머니와 아들 사이가 되는 모자

내 모자는
벽 말코지 걸리고 싶고
할아버지 모자는
갓 통에 들고 싶다.

밥솥 뚜껑 같은
털모자와 목도리,
칠순의 이 나이에도 보약보다 더 나을까?

비우며 모자가 된 영혼

모자라 넉넉하고
모자라 빛난다.

물뱀의 신발을 신고 놀다가

오선지 악보에
음표들처럼 서 있는 사람들
빽빽한 시루 안
콩나물은 날마다.
물뱀의 신발 신고 놀다가
조용히 벗어놓고 집으로 간다.

전동차 소리 위에 앉아
책갈피 넘기는 소리
어깨와 어깨 사이로 오가는 절박한 잠의 찜부럭,
저만큼 신문뭉치 안고 내달리는
가난한 영혼의 발걸음 소리

물뱀 등에 적힌 시,
낭송하는 건 늘 창밖의 가로등이고
지하철 바닥에
사각의 둥지를 튼 철새는
구름 허문 애청자였다.

도돌이표 공공 신발은

더 좋은 가마꾼이 되겠다고
내릴 역 문자를 친다.

돌탑

금강송 돌 지게 지고
달마산 갈까 보다.
황혼으로 기운 내 인생
크고 작은 돌로
한땀 한땀 박음질하듯
바람도 구름도
지그시 눌러 쌓았으나
지나온 길처럼 애틋하다.
전생에는 고향 강이었으니
내가 신고 놀다가
벗어놓은 이 신발들
예쁜 걸로 골라
신발 하나에 꿈 하나
꿈 하나에 신발 하나
한 걸음 한 걸음
크게 숨을 쉬고 허공에 올라
저 33 천 범종각
목어木魚나 되어 볼까.

*이 작품 속 시적 화자의 모티브가 되는 이는 구례중학교 김정표 친구다. 17m 높이에 달하는 돌탑 16개를 강가에 쌓았으며 '세상에 이런 일이'와 '특종 세상'에 출연하였다.

맹그로브의 꿈

너에게 뿌리 내리고 싶어
바다와 육지를 잇는 다리가 되고
상처 난 해안 보호막이고자 허공 난간을 걸어가고 있어.
파도처럼 울어야 할지 웃어야 할지
마음 멍멍한 채
편대를 지어 걸어 가지.
나뭇가지에 달린 열매에서 뿌리를 뻗고
초록이 자장가처럼 내려와
고요와 평화가 둥지를 틀지
맹그로브 도마뱀이 사리를 놓아도 좋고
물총고기** 공중 부양을 하며
사냥을 해도 좋겠어.
늘어져 내려온 나뭇가지와 잎사귀들의 추임새가
은폐 엄폐로 써 달라 윙크할 때
나그네새 팍팍한 다리를 어루만지고
품에 안은 꿈을 꾸면
나도 내 '용기'***에 안도의 훈기가 돌아
조간대에 흙, 먼지가 걸어와 디딤돌을 놓고
해표림海漂林이 될 거야.
내 생의 여정이 동화가 되면

왕부리새 무지개처럼 찾아올 거야.

*맹그로브 나무나 숲을 말하며 붉은 뿌리가 돋보여 홍수림이나 해표림이라고도 불림.
**사수어라고도 하며 물총고기과의 어류.
***맹그로브 나무의 꽃말.

눈 내리는 밤

인사동 쌈지길 카페에서
추억을 흔들어 먹던 도시락처럼
추억 열차는 설야를 쌩쌩 달려가요.

추억의 수문 열기도 전
망가진 장난감 기차처럼 기적소리는
벌써 목이 쉬었어요.

미움도 슬픔도 보풀이 일 생각 아직은 멀고
눈은 첫사랑처럼 오는데
치렁치렁했던 샘물도 가뭄을 타나 봐요.

지루한 눈길을 걸어
어두운 방 어둠을 따고 들면
피곤한 허물을 벗으며 그리움의 허수아비가 돼요.

눈꽃이 쏟아지듯
당신의 세상 어느 날도 이렇게 눈이 오고
또 어느 날은
비바람도 몰아치겠지만

당신 머리 위로 새 울고 나비가 날면
어쩔 수 없는
사랑의 날갯짓인 줄 아세요.

땅콩 철학

무한 꽃차례
노랑노랑 땅속에 밀어 넣고
청실홍실 사랑했나 보다.

세상은 탐욕으로 얼룩인데
내가 커지면 네가 작고
네가 커지면 내가 작아지는 실천철학
한 뙈기 완성했다.

핑크빛 사랑 알콩달콩 끌어안고
어흥! 어흥!
양산 들녘을 걸어 나오는
게걸스러운 맛 호랑이들

우지직!
어둡고 각진 세상
고소한 맛으로 탁마하려고
밑이 잘 든 풍경
한 짐 지고 나온다.

사랑 잣을 물레 생각

어쩌다 가끔 너를 생각할 때면
꿈꾸고 있는 것처럼 행복해
어머니가 따뜻한 옷을 지어 줄 생각으로
밤새도록 물레를 돌렸듯이 나는
어머니의 물레가 되어
한 광주리 시를 잣고 싶다.
만약 시가 위로의 한 끼 밥이 된다면
길거리에 떼 지어 다니는 그늘 같은 사람들 옆으로
가만히 다가가
허기를 씻어 줄 한 그릇 밥이 될 테니까
아니 밥이 아니더라도
호주머니 속 조약돌 같은 장난감이
되어 줄 거야. 손난로가 될 거야
빛없는 거리, 가슴이 시려 안달이 나면
나는 사랑 잣은 물레가 되지 않겠어
어느 길거리 양지바른 쪽에 앉아
어느 절박한 하루를
꾸벅꾸벅 졸고 있는 사람 등짝을 흔들어
따뜻한 햇살이라도 한 줌
건네주었으면 해.

면앙정 가는 길

두루미 날아간 쪽으로
개울물이 볕을 안고 빛나는 건지
햇살이 개울물을 안고 빛나는 건지
꽃비 엎치락뒤치락 맞으며 간다.

이 봄날 풍류를 놓고
임 생각 어찌 잊을 건가?

들녘을 가로질러 가는
두루미 몇 마리 꽃비 속에 날고
마음의 벼리만 같았던
임은 어디 가고 면앙정 송죽만 골똘하다.

누정에 걸린 저 시 가락들
이전의, 그 이전의 시인들이 눈을 떠
시학의 꽃을 피운 게다.

두루미 보는 일처럼
면앙정가 불러도 허물이 되지 않을 터
임의 노래 읊으니

제월 들녘도 면앙정도
꽃잎 분분

청보리밭

노랑 색동 꺼내 입고
초록 치마 속에 바람 잔뜩 집어넣고
흔들리듯 미끄러지듯
나 한번 흔들리고 싶었던 거네.
통통하게 차오른 가슴
차마 풀어놓기엔 민망해 그러지는 못하고
흔들려서 이내 푸른 박동에 이르러
새물내 나는 춤 한 판 놀아보고 싶네.
일렁이는 청보리밭 파도처럼 달려가
엉겅퀴 꽃보라 뺨 스쳐도 보고
발 빠른 흰나비 날개에 앉아
저 조선 여인네 고쟁이 속 같은 마음
쓸어주고 싶었네.
보릿대는 어이해서 그리 푸르고
살랑거리다 목이 걸린 보리 가시는 어이해서
휘파람 소리처럼 외롭고 슬픈가?
저 흔들림이 누구에겐 위안이 되고
또 누구에겐 칼이겠지만
희망이 되고 용기로 일어나려무나
심연의 고뇌 깨지는 파편들이

위로로 넘쳐흐르기를
살며시 왔다가는 위로의 발걸음 소리가
물결치는 사랑의 노래가 되기를

거문도 은갈치 구이 치국장

치국장이 대왕 은갈치 죄명을 선고하였다.

은백색 광택을 펄럭이다가
편형 체위로 누워 넋을 놓다 죄명을 묻는다.
여름 밤바다 조명을 받고
바닷속을 아름답게 장식했다 자부하는데
화형火刑이라니오, 그 연유가 무엇인가요?

첫째, 푸른 바다 자유와 평화를 막무가내로 갈구한 죄,
둘째, 거문도 수역 어류의 맛을 독차지한 죄,
셋째, 달빛을 휘감고 해저 풍광을 축적해 온 죄,
 마지막으로 밤바다 강태공 눈을 현혹해 밤잠 못 자게 한 죄가 그것이다.
 이제 네 죄명을 알겠는가?

바다의 칼, 도어刀魚* 여인과 사내
운명이 다 했으니 말없이 떠나자고 다짐하기도 하고
차라리 맛으로 다잡자고 결기를 세운다.
벌건 물엿 고추장 고문을 가하고
가니쉬**를 더하여 포인트를 잡아갈 때도 결백의 끈 놓

지 않았다.

   하지만 어림없는 소리
   이글이글 참나무 숯불 사각 팬 위에 나신으로
   치국이 이루어지며, 겉은 노릇노릇 바삭, 속은 촉촉하
게 익어
   품격 높은 공양을 했다.

   그래. 너희들이 아름답게 살아주었기에
   남쪽 바다가 면을 세웠고
   네 맛이 이리 깊게 여물었구나.

*갈치의 비표준어.
**요리의 장식.

나무 의사 면허증

나무의 시간이
우리 삶을 해맑게 이끈다.
서로 앉고 서는 자리를 인정하며
산새 소리 같은 길을 낸다.
모든 것이 존재를 뽐내어 빛나고
그 조그만 나눔이
따스한 사랑이고 이불이다.
새소리 물소리 보듬고 숲속에 앉아
초록들의 보폭을 읽는다.
자연의 명령을 따름으로
햇살은 아래로도 흘러 흘러들어서
어린 가지를 키우고 몸통을 세운다.
바다는 파도의 격랑과
바람의 평온으로 균형을 잡고
늘 싱싱하게 살아가듯
숲도 그 내밀한 변화에 순응하고
나눔으로 초록 세상을 산다.
세상은 집착하지 말라 하지만
못내 집착에 매달리고 싶은 마음 하나
간절함이 있다.

저들이 탈 나지 않게 보살피고
아프면 고치는 나무 의사가 되고 싶다.
숲속에 드는 날은

예술 카페 첫눈*

그곳에선 누구나
첫눈처럼 만난다.
소담하게 눈이 내리는 밤
눈발 사이로 커피 향이 흐르고
모과차 향이 흐르고
쌍화차 향도 흐르지만
첫눈 같은 첫사랑 여인을 만날 것 같아 더 좋다.
예술 카페 첫눈에서
첫눈이라도 내리면
여우 한 마리 눈을 털며
기웃거릴 거라 혼자 생각하고
창밖으로 눈길을 주다가
눈 덮인 겨울 산 망개 열매보다 붉은
여우를 생각한다.
뽀드득뽀드득 숫눈 위를 걸어오는
발자국 소리에 놀라
창문을 열었다 다시 닫는다.
머리카락에 앉은 눈을 살며시 털고
첫눈이 첫눈 위에
살며시 앉아도 보는

예술 카페 첫눈.

*정윤천 시인이 화순에서 운영하는 카페

커피라떼

커피 카페에서
우유와 커피가 끌어안았다.
혀는 설왕설래 뜨겁고
희디흰 살
땀으로 젖을 때
그 애 빨간 빨대가
한강 철교를 놓았다.
덜커덩! 덜커덩!
기차는 침목을 치며
기적이 울었다.
깊고 푸른 숲
활활 타오른 산딸기 두 알
투명한 유리컵 속에서
우유 같은 파랑과
커피 같은 빨강이
익을 대로 무르익어서
청실홍실 봄밤을 섞는다.

초록은 모서리가 없다

자기 한 몸 앉고 설 자리라면
초록을 입고 바르면서
저마다
누군가를 기다리며 축제를 연다.
아마도 나무의 정령인지
그에게서 생명의 기운을 얻는다.
기도처럼 잎이 돋아나고
꽃이 피어 반긴다.
땅에서도 바위틈에서도
콘크리트 벽에서도
생명의 깃발을 흔들 때면 화양연화다.
간이역 측백나무 울타리
어떤 모서리도 근심도 걸어두지 않는 곳
거미가 지은 집 처마에
아침 햇살이 묻은 이슬이 뽐내고
누가 놓고 갔는지
초록 향수병이 걸려있다.
나무에 기대는 날이면 저 초록들
내가 가지기에는
너무나 찬란한 빛이다.

작품론

남도의 서정抒情을 이렇게 잘 살려낸 시집이 있다니
- 김일곤 시집 『휘파람새가 뽑은 가락국수』

이 승 하
(시인, 중앙대학교 교수)

김일곤 선생님께

안녕하십니까?
 지금껏 2권의 시집을 낸 바 있는 김일곤 선생님의 세 번째 시집 원고를 읽으면서 이렇게 시를 잘 쓰는 분을 내가 모르고 있었다니! 내심 감탄하면서 첫 시「꽃누르미」부터 마지막 시「초록은 모서리가 없다」까지 읽었습니다. 대개의 경우 시인이 시집 해설을 쓰게 된 문학평론가에게 전화를 해 잘 좀 써 달라고 부탁을 하는데 김일곤 선생님은 지금까지 뵌 적도 없고 목소리를 들어본 적도 없습니다. 시집 해설을 받아도 전화를 해주실 것 같지 않지만 저는 조금도 서운하게 생각하지 않을 것입니다. 초등학교 교장 선생님을 하다가 정년퇴직한 분이라 알고 있는데 누구한테 무엇을 부탁하는 게 어색해서일 것입니다. 1948년 전남 구례에서 태어나 그 인근에서 오랫동안 교직에 몸담고 있다 정년퇴임을 하신 것 같습니다. 1993년에 《새교실》로 등단하긴 했지만 2014년에 심기일전해 《시산맥》을 통해 재등단하셨지요? 2014년부터 본격적으로 시 쓰기에 매진해 《사와사람》과 《불교문예》를 통해 시집을 2권 냈고 이제 제3시집을 준비하고 계십니다. 아마도 교육일선에서 물러난 이후에 시 쓰기에 더욱더 심혈을 기울이게 되었을 것입니다.

저는 제일 앞에 실려 있는 시부터 한 편 한 편 거론하면서 해설 쓰는 습관을 갖고 있는데 시집의 제목이 『휘파람새가 뽑은 가락국수』이니 이 시부터 시작해볼까 합니다.

풍경이 8할이다.

판소리 한 대목 후리는 국숫집
절창 한 가락은 덤이니
길게 줄을 서도 괜찮다.

벚꽃 두어 점 고명 얹은 국수 한 그릇
앞에 놓으면
섬과 섬 사이를 오가는 뜨건 바람
후후 불며 시장기부터 달랜다.
　　　　　　　　　－「휘파람새가 뽑은 가락국수」 전반부

풍경이 8할이라니 경치가 무진장 좋은 곳에 자리 잡은

국숫집이 그 동네에 있나 봅니다. 가락국수를 유독 잘하는 집인가요? 아니면 판소리 한 가락을 뽑을 줄 아는 사람이 그 식당의 주인인가요? 벚꽃 두어 줌이 고명이라니 아주 멋집니다. 섬과 섬 사이를 오가는 뜨건 바람을 후후 불며 시장기부터 달랬나 봅니다.

    고향 말 시끌벅적한 가락국수집
    추억의 가성비 차고 넘친다.

    -휘리릭 휘리릭 휘 휘리릭 휘리릭 휘

    귀에 딱지가 앉아도 좋을
    휘파람새 소리
    무더기무더기 꽃 사태 지는
    강 언덕길로

    먼 강, 밤새 날아온
    하늘색 저고리 파랑 색동의 휘파람새
    보릿고개 긴 봄날처럼
    길게 울다 갔다.
                       -「휘파람새가 뽑은 가락국수」 후반부

 판소리 한 대목 후린 이가 사람이 아니라 휘파람새였는지도 모르겠습니다. 하늘색 저고리 파랑 색동의 휘파람새가 보릿고개 긴 봄날처럼 길게 울다 갔다고 했으니 이 시의 시간적 배경은 60년대쯤이었을까요? 아무튼 그 국

숯집이 지금도 있기를 바랍니다. 그럼 주소를 알려주십시오. 꼭 가보도록 하겠습니다.

구시포전북특별자치도 고창군 상하면 자룡리 소재에 가면 꽃게 해물탕은 먹을 수 있겠지요? 일단 음식 소재 시를 일별해 볼까 합니다.

밀물이 깃발처럼 돌아오네요.
나는 당신을 향해 달음질쳐 가고 있어요.

등대가 보이는 창가에
그날처럼 앉았어요.
꽃게 해물탕을 유난히 좋아했던 당신
언제 왔는지 소주잔 부딪치며 하얗게 웃고 있어요.
오늘 이렇게 찾아온 것은
문득문득 그리운 추억 때문이고
헛 미소 지은 까닭은
눈물 놓아 드리려고 그래요.

고향 바다를 지켜야 한다고 어부가 된 당신
무슨 일이 그렇게도 급했던가요?
걱정하던 도련님은
청년회장이 되어 어촌을 이끌고 있어요.
당신의 햇살을 붙들며
우리 모자 굳건하게 살아요.

소금꽃 물방울들이

우리 마음을 아는지 모르는지 끓고 있어요.
꽃게가 빨간 꽃으로 피어나고
그 한때의 행복이 간을 맞추며 노을처럼 끓어요.

'그래, 너희들은
보글보글 끓고 있는 꽃들이야,
내 사랑이야.'

-「구시포 꽃게 해물탕」전문

  이 시의 화자는 여성입니다. 아들 하나를 키우고 있네요. 당신이 '도련님'이라고 불렀던 화자의 아들은 청년회장이 되어 어촌을 이끌고 있습니다. 그런데 "고향 바다를 지켜야 한다고 어부가 된 당신"은 "무슨 일이 그렇게도 급했던가요?"란 구절을 보니 그만 불귀의 객이 되고 말았습니다. 부고를 듣고 헐레벌떡 고향에 내려간 화자는 "꽃게가 빨간 꽃으로 피어나고／ 그 한때의 행복이 간을 맞추며 노을처럼 끓어요."라고 말하고 있으니 무슨 기막힌 사연이 있었나 봅니다. 화자와 당신은 친구 사이였을까요 연인 관계였을까요? 아니면 주인과 하인? 시를 통해 독자들에게 꽃게 해물탕을 맛보여 주시나 했는데 저는 바닷가 마을 사람들의 가슴 아픈 사연을 듣게 되었습니다.

  구례에 제가 가면 흑산도 홍어가 들어간 삼합을 사주실 건지요? 무뚝뚝하신 분이 아니길 바라지만…….

야반도주해 왔다는 흑산도 홍어
질항아리에 숨었다.
벚꽃 활짝 피니 맞춤한 때라
언제 불려 나갈지 모른다.
질항아리 안에서 짚 한 줌 움켜잡고
게슴츠레한 눈이 되어서야
향기가 깊어 갔다.
과부 속마음 어찌 알랴마는
배꽃 피는 환한 뒤란 뒷물치고 나와
삼합 미각 한 채 입에 물린다.
하얀 꽃잎 술잔에 이녁 마음도 동동
한 순배 돌고 나면
육자배기 가락에 추임새 넣고 있는
엉덩이마다 들썩이는 봄밤이다.
홍어 축제의 밤은 무장 깊어 가고
앵두처럼 농익은 말재간들에
영산포 봄밤이 어깨춤을 춘다.
얼쑤 좋다! 얼씨구 좋다!
북 장단에 길게 술잔이 돌아간다.

- 「술 권하는 홍어」 전문

  저는 영산포에서 행해지는 홍어 축제에 가본 적이 없습니다. 간혹 서울에서도 삼합을 먹기는 합니다만 제대로 삭혀 눈물이 핑 도는 홍어도 먹어본 적이 없습니다. 너무 삭히면 손님들이 외면하니까 서울 사람들 입맛에 맞춘 홍어밖에 못 먹어봤습니다. "과부 속마음 어찌 알랴마는/

배꽃 피는 환한 뒤란 뒷물치고 나와/ 삼합 미각 한 채 입에 물린다."는 왠지 좀 에로틱하다는 느낌이 듭니다. 그런 과부 있으면 밤새 같이 술을 마시고 싶습니다. "한 순배 돌고 나면/ 육자배기 가락에 추임새 넣고 있는/ 엉덩이마다 들썩이는 봄밤"에 말입니다. 얼쑤 좋다! 얼씨구 좋다! 북 장단에 길게 술잔이 돌아가면 그날로 정분이 나서 저는 상경하지 않을 수도 있습니다. 그런데 이런 흥겨운, 혹은 농염한 음식 소재 시도 있지만 역사의 현장으로 저를 데리고 가는 시도 있네요. 그해 5월에 시민들이 한마음으로 쌌던 주먹밥이 있었다면서요.

> 소금에 간을 맞춘
> 한 덩어리 주먹밥
> 지그시 뭉쳐 피어난 밥 꽃,
> 밥알이 스크럼을 짜고 일어선다.
> 둥글둥글 몽돌이 되어
> 충장로로, 금남로로, 도청 앞으로
> 또 어디론가 굴러간다.
> (……)
> 상처 속에서 개복숭아같이 피는 밥 꽃
> 또 한 개의 주먹밥이,
> 백 개의, 천 개의, 만 개의 주먹밥 되어
> 총칼을 받아내며 굴러간다.
> 민주의 밥이 되어
> 오월의 꽃이 되어
>
> -「주먹밥」전문

시민들이 질서정연하게 행하고 있는 시위 현장에 왜 공수부대원을 보냈던 것일까요? 강경 진압을 통해 시민들이 분노할 것을 신군부의 그들은 노리고 있었고, 그것이 미리 짜놓은 작전이었습니다. 시민들은 자구책 차원에서 무장을 하지 않을 수 없었고, 시민군이 되었습니다. 군인들에게는 전투식량이 나오는데 시민군의 식사는? 광주시민들이 황급히 주먹밥을 싸서 제공했습니다. 둥글둥글한 주먹밥이 몽돌이 되어 충장로로 금남로로 도청 앞으로 굴러갔다고 합니다. 이심전심이고 혼연일체였습니다. 주먹밥은 총칼을 받아내며 민주의 밥이 되어, 오월의 꽃이 되어 굴러갔습니다. 그날의 주먹밥이 이 나라 민주화의 거름이 되었던 것입니다. 이제 거문도 은갈치가 문초를 당하고 있는 치국治鞫의 현장에 가보도록 합시다.

    치국장이 대왕 은갈치 죄명을 선고하였다.

    은백색 광택을 펄럭이다가
    편형 체위로 누워 넋을 놓다 죄명을 묻는다.
    여름 밤바다 조명을 받고
    바닷속을 아름답게 장식했다 자부하는데
    화형火刑이라니오, 그 연유가 무엇인가요?

    첫째, 푸른 바다 자유와 평화를 막무가내로 갈구한 죄,
    둘째, 거문도 수역 어류의 맛을 독차지한 죄,
    셋째, 달빛을 휘감고 해저 풍광을 축적해 온 죄,

마지막으로 밤바다 강태공 눈을 현혹해 밤잠 못 자게 한 죄가 그것이다.
이제 네 죄명을 알겠는가?
  -「거문도 은갈치 구이 치국장」 전반부

하하, 거문도 근처에서 잡히는 은갈치의 죄상이 한두 가지가 아니네요. 은갈치가 문초를 당하는 현장에서 "여름 밤바다 조명을 받고/ 바닷속을 아름답게 장식했다 자부하는데/ 화형이라니오, 그 연유가 무엇인가요" 하고 볼멘소리로 외치는 장면도 재미있지만 네 가지 죄명을 대는 치국장의 불호령도 재미있습니다. 결국 은갈치는 화형을 당해 겉은 노릇노릇 바삭하게, 속은 촉촉하게 익어 품격 높은 소신공양을 하게 되었습니다. 화형을 집행하고 나서 치국장은 그래도 "그래. 너희들이 아름답게 살아주었기에/ 남쪽 바다가 면을 세웠고/ 네 맛이 이리 깊게 여물었구나." 하면서 은갈치의 공을 인정해 주네요.

김일곤 선생님은 간혹 커피도 드시나 봅니다. 그런데 시를 보니 커피가 많은 사람이 즐기는 기호식품인데 선생님께서는 '가진 자'로서 자기반성을 하는 계기로 삼고 있습니다.

펄펄 끓는 커피잔
커피 가루와 설탕을 휘휘 저으면
휩쓸리어 돌던 것들이
입 안에서 웅얼거린다.

    (……)
    햇살이 커피 농사를 짓고
    히말라야 산그늘이 커피 향을 낸다는
    말레 마을 커피 농사법
    먼 수출길 떠나 보석으로 돌아왔다.
    열매가 커피인 줄도 모른 어둠이
    빛으로 나올 수 있었다.
    세상인심이 만든 작은 커피잔 속에
    가진 자들이 지은 베틀이
    웅크리고 앉아 있는

    　　　　　　　　　　-「커피 로드」 부분

 선진국에서는 커피가 일종의 '생활의 멋'으로 자리매김하고 있지만 생산지는 대체로 가난한 나라들입니다. 히말라야 산그늘에 있는 말레 마을도 그중 하나인 모양입니다. 그곳에서 생산된 커피가 먼 수출길을 돌아 이 나라 커피점에서 팔리고 있습니다. 선생님은 커피의 여로 road를 "열매가 커피인 줄도 모른 어둠이/ 빛으로 나올 수 있었다."고 표현한 뒤에 "세상인심이 만든 작은 커피잔 속에/ 가진 자들이 지은 베틀이/ 웅크리고 앉아 있는"것으로 묘사함으로써 저의 반성도 촉구하고 있습니다. 앞으로는 커피 마실 때마다 반성하는 마음으로 마시도록 하겠습니다. 또 다른 커피 관련 시는 뜻밖에도 꽤 에로틱합니다.

    커피 카페에서
    우유와 커피가 끌어안았다.

혀는 설왕설래 뜨겁고
희디흰 살
땀으로 젖을 때
그 애 빨간 빨대가
한강 철교를 놓았다.
덜커덩! 덜커덩!
기차는 침목을 치며
기적이 울었다.
깊고 푸른 숲
활활 타오른 산딸기 두 알
투명한 유리컵 속에서
우유 같은 파랑과
커피 같은 빨강이
익을 대로 무르익어서
청실홍실 봄밤을 섞는다.

−「커피라떼」 전문

 제 안목에 문제가 있는지 모르겠지만 저는 남녀상열지사로 이 시를 읽게 됩니다. 우유와 커피가 끌어안고 있는 카페라는 곳에 대한 묘사도 그렇지만 "희디흰 살/ 땀으로 젖을 때/ 그 애 빨간 빨대가/ 한강 철교를 놓았다."와 산딸기 두 알이 우유 같은 파랑과 커피 같은 빨강과 익을 대로 무르익어서 청실홍실 봄밤을 섞는다(!)고 했습니다. 원래 청실홍실은 혼례에 쓰는 남색과 붉은색의 명주실 테를 가리키지요. 신랑 집에서 신부네 집으로 혼인을 청할 때 청홍靑紅의 두 끝을 따로따로 접고 그 허리에 색깔이 엇바뀌게 낍니다. 이 납체納采의 풍습은 첫날밤, 즉 남과 여가 처음으로 살을 섞는 행위와 연관이 있습니다. 이 시의 마지막 행이 "청실홍실 봄밤을 섞는다."라니 제 가슴이 쿵쿵 뜁니다. 언제 한번 정윤천 시인이 화순에서 운영하는 카페에도 가봐야 되겠습니다.

    그곳에선 누구나
    첫눈처럼 만난다.
    소담하게 눈이 내리는 밤
    눈발 사이로 커피 향이 흐르고
    모과차 향이 흐르고
    쌍화차 향도 흐르지만
    첫눈 같은 첫사랑 여인을 만날 것 같아 더 좋다.
                     -「예술 카페 첫눈」 앞부분

하하, 교장 선생님이 이런 말씀을 하시다니! 남자란 다 똑같은가 봅니다. 저도 첫눈이 오면 첫사랑이 연락해 오지 않나 기다리곤 했으니까요. 저는 그 카페에서 모과차를 마시겠습니다.

이제 소개하는 시는 음식과는 무관하지만 묘사가 전부 요리와 관련이 있어서 예로 들어봅니다. 김일곤 시인의 특성이 바로 미각적 이미지를 즐겨 다루고 있기 때문이며, 이것은 시인이 갖고 있는 크나큰 장점이기 때문입니다.

소쇄원 대숲 길 걸으면
지난밤 빗소리로
간을 맞추고
냉장 숙성시킨 푸른 대숲 바람에
새소리 고명을 놓는다.

서울 글 친구는
어느새 대나무 이파리처럼 살랑거리는 몸짓,
별서원림을 어느 틈에 다 읽어냈는지
휘파람새 가락에
구룡폭포를 바람결에 흘리니
개울 물소리처럼 청명하다.

광풍각光風閣 앞뜰은
댓잎 칼에 잘린 치자꽃 향기가
매실 향을 희롱하듯 봄날을 토해내는데
제월당霽月堂 토방 위에서는
달맞이꽃 닮은 소녀들이
찰각찰각 풍경을 채 썰고 있다.

둥근 너럭바위 위에
열두 첩 바람 요리 한 상 차려낸 것은
풍류객을 위해서나 대숲 품격으로나
왜 아니 마땅치 않으랴.
-「소쇄원의 여름 별미」전문

전남 담양군 가사문학면 지곡리에 있는 정원인 소쇄원

은 대한민국 명승 제40호입니다. 조선 중기의 선비 양산보梁山甫가 지었는데 양산보는 본래 조광조의 제자였으나 조광조가 기묘사화로 죽자 세상에 미련을 두지 않고 고향인 창평담양군의 일부으로 내려와서 은둔하면서 소쇄원을 지었다고 합니다. 지금까지 소쇄원을 노래한 시인들이 적지 않았지만 대숲 바람에 새소리 고명을 놓는다거나 제월당 토방 위에서 달맞이꽃 닮은 소녀들이 풍경을 찰칵찰칵 채 썰고 있다느니 "열두 첩 바람 요리 한 상"이라는 표현도 그렇고, 하나하나가 감칠맛 나는 것들입니다. 소쇄원 일대를 이렇게 맛깔스럽게 그린 것은 김일곤 시인이 처음입니다. 소쇄원을 묘사한 시를 봤으니 이번에는 면앙정으로 가보겠습니다.

두루미 날아간 쪽으로
개울물이 볕을 안고 빛나는 건지
햇살이 개울물을 안고 빛나는 건지
꽃비 엎치락뒤치락 맞으며 간다.

이 봄날 풍류를 놓고
임 생각 어찌 잊을 건가?

들녘을 가로질러 가는
두루미 몇 마리 꽃비 속에 날고
마음의 벼리만 같았던
임은 어디 가고 면앙정 송죽만 골똘하다.

누정에 걸린 저 시 가락들
이전의, 그 이전의 시인들이 눈을 떠
시학의 꽃을 피운 게다.

두루미 보는 일처럼
면앙정가 불러도 허물이 되지 않을 터
임의 노래 읊으니

제월 들녘도 면앙정도
꽃잎 분분

- 「면앙정 가는 길」 전문

 면앙정은 전남 담양군 봉산면 제월리의 제봉산 자락에 있는데 1533년중종 28에 송순宋純이 완공한 정자로 이황을 비롯한 강호제현들과 학문을 논하며 후학을 길러내던 곳으로 유명합니다. 건물은 정면 3칸, 측면 2칸으로 구성되어 있으며, 추녀 끝은 4개의 활주가 받치고 있습니다. 현재의 건물은 여러 차례 보수한 것으로, 1979년에는 지붕의 기와를 교체했다고 하지요. 최초의 모습은 초라한 초정草亭으로 바람과 비를 겨우 가릴 정도였다고 합니다. 「면앙정가」는 송순이 40대 초반 무렵에 지었을 것으로 추정되는 가사로 바로 이 면앙정에서 지었다고 전해집니다. 면앙정 주변의 아름다운 자연 풍경과 송순 자신의 풍류 생활을 읊은 작품이지요. 딱 500년의 세월이 흘러 김일곤 선생님에 의해 다시금 면앙정 가는 길이 노래 되고 있습니다. 이 시는 그다지 길지 않음에도 남도의 가락, 정서, 풍광이 삼위일체를 이루고 있습니다. 저는 선생님께서 송순-김영랑-서정주-송수권으로 이어져 온 남도의 서정을 지금 이 시대의 시인 중 가장 잘 잇고 있다고 생각합니다. 자, 이제 제일 처음에 올린 시를 보겠습니다.

> 몸속 헛물 게워 내고
> 꾹꾹 눌러 이별 깃 싹둑 자릅니다.
> 잠시 꽃 생각 지우고
> 여시 떨 꿈을 꾸고 있네요.
>
> 한 무리 꽃누르미로 부스스 일어나
> 더불어 숲이 되고
> 레이스 컵 받침 의자가 되고
> 정물화로 앉아 노는 날
> 딱 여시 한 마리 환생한 기분이에요.
>
> 한 몸으로 두 세상을 본다는 일은
> 얼마나 신명이 날까요?
> ─「꽃누르미」전반부

꽃누르미의 사전적 의미는 꽃의 수분을 제거하고 눌러 말린 평면적 장식의 꽃 예술이라고 알고 있습니다. 그런데 선생님께서는 꽃으로 변신하여 여시, 즉 여우 한 마리로 환생하고 싶어합니다. 여시 떨 생각에 말입니다. 숲이 되고, 레이스 컵 받침 의자가 되고, 정물화로 앉아 노는 날 여시 한 마리로 환생한 기분이 되니 한 몸으로 도대체 몇 개의 세상을 보는 것입니까?

> 나는 다시 태어나도
> 꽃이 된다면
> 새색시처럼 설레발칠래요.
>
> 반야봉 노을보다 서너 걸음 예쁜 발걸음으로
> 섬진강 여음餘音의 어깨에
> 풍류 한 가락 메어 보겠지만
> 쥘부채로 실리면 좀 서운할까 봐 다음엔
> 팔 폭 병풍 꽃밭
> 벌님에 나비의 생을 빌고 있어요.
>
> 이대로 잠이 들까 봐
> 다시 피어날 기도를 중얼중얼 외웁답니다.
> 　　　　　　　　　　　－「꽃누르미」후반부

시의 제4연, 새색시처럼 설레발치겠다는 표현이 재미있습니다. 가만히 바라보거나 못 본 척하지 않고 내가 보고 듣고 느낀 모든 것을 잘 버무려 시를 빚어보겠다는 각오가 느껴집니다. 이 시는 선생님께서 "섬진강 여음餘音의 어깨에/ 풍류 한 가락 메어 보겠지만/ 쥘부채에 실리면 좀 서운할까 봐" 다음엔 "팔 폭 병풍 꽃밭/ 벌님에 나비의 생을 빌고" 있으므로 이 시대에 드문 풍류객임을 알 수 있습니다. 자연을 즐길 줄 알고 자연을 벗할 줄 알고 자연을 노래할 줄 아는 분임을 알겠습니다.
　이제는 이 세상에 계시지 않는 시인의 아버지 어머니를 뵙도록 하겠습니다.

　　헛간 벽에 걸려있는
　　흙냄새 묻어난 낡은 못줄, 솔솔 풀어보면
　　고된 잠 한 짐 지고 부스스 잠이 깬 아버지
　　"농사는 잘 지었냐?" 묻는다.

　　잠자리 곁눈 같은 소몰이꾼 아버지
　　평생 땀으로 지켜온 회보 논, 강언덕 목화밭
　　올해도 농악이 울면
　　오산사 사성암 목어 타고 오시게요.
　　　　　　　　　　　　　　－「못줄」부분

　　아버지의 석방렴은
　　욕심부릴 것도 덜할 것도 없었다.
　　주는 대로 거둠이 다함이다.
　　큰 고깃배에 눈 돌리지 않는 어부였다.
　　반달 같은 반 마지기 바다를 사랑하고 아끼셨던 아버지
　　통증이 자라나는 무릎 나무 이끌고 나가
　　조차潮差를 해독하며 삶을 건져 올렸다.
　　　　　　　　　　　－「아버지의 바다」부분

　아버지께선 농사를 지었지만 때가 되면 석방렴石防簾, 돌담을 쌓아 만든 원시적 어로 시설로 조수 차를 이용하여 고기를 잡는 것을 이용해 물고기도 잡았나 봅니다. 반달 같은 반 마지기 바다를 아끼고 사랑하셨으니 배를 타고 본격적으로 조업에 나가지는 않았던 듯합니다. 농한기 때 가만히 있을 수 없어 고기를 잡곤 했던 거겠죠. "자연의 은덕을 아신 만큼 겸손했고/ 조그만 나눔으로 이웃과 마음을 데울" 줄 아는 분이었습니다. 아버지로부터는 성실함과 자연 친화의 인생관을 물려받았고 어머니로부터는 성실함과 예술가적인 끼를 물려받았습니다.

> 어머니가 따뜻한 옷을 지어 줄 생각으로
> 밤새도록 물레를 돌렸듯이 나는
> 어머니의 물레가 되어
> 한 광주리 시를 잣고 싶다.
> 만약 시가 위로의 한 끼 밥이 된다면
> 길거리에 떼 지어 다니는 그늘 같은 사람들 옆으로
> 가만히 다가가
> 허기를 씻어 줄 한 그릇 밥이 될 테니까
> 아니 밥이 아니더라도
> 호주머니 속 조약돌 같은 장난감이
> 되어 줄 거야 손난로가 될 거야
> ―「사랑 잣을 물레 생각」 부분

어머니가 밤새도록 물레를 돌렸듯이 김일곤 시인께선 지금 위로의 한 끼 밥인 시를 써 그늘 같은 사람들의 허기를 씻어 주고 계십니다. 밥이 아니더라도 호주머니 속 조약돌 같은 장난감이, 손난로가 되어 줄 거라고 했습니다. 아아, 감동의 물살이 가슴을 적십니다. 엄마를 꼭 빼닮은 누나 얘기도 감동적입니다.

    위뜸 살던 점순 누나
    지 엄마 세월을 복사한 달이었다.

    술지게미 먹고 학교에 간 날
    반나절이나 취했다는 그녀
    꽃처럼 커서
    한 동네 아래 뜸으로 시집을 가더니
    지 엄마, 달을 닮아 갔다.

    세상 어머니들이 그랬듯이
    혈육 간에 웃음꽃 피우고 사랑을 가꾸며
    엄마 노릇을 했다.

    2인분의 생을 산 1인분처럼
    엄마 그림자까지 빼닮았다.

    풍문에 들리는 미문만 듣다가
    고향에 간 날
    누나 마음, 절반을 몰래 접어 왔다.

    간혹 달을 바라보는 날은
    세상에서 가장 둥근 마음 한 소쿠리
    담아 오곤 한다.
                           -「데칼코마니」 전문

그대는 아버지를 빼닮았으니 부전자전인데 어머니와 누나는 모전여전이로군요. 어머니께서 언제 돌아가셨는지 모르겠는데 어머니 사후에 "엄마 그림자까지 빼닮은" 누나를 보면서 어머니 생각을 하곤 했었나 봅니다. 누나는 지금도 잘 계신지요? 누나는 "세상 어머니들이 그랬듯이/ 혈육 간에 웃음꽃 피우고 사랑을 가꾸며/ 엄마 노릇을" 잘하셨으니 그대 집안의 보름달이었습니다. 모든 사람에게 골고루 밝게 비추는 존재, 그 누나 같은 어머니들이 계셔서 우리는 세파를 헤치고 나올 수 있었습니다.

교장 선생님의 시선으로 아이들을 보면서 시상을 떠올린 적이 있었지요? 그 시를 언급해볼까 합니다.

> 목련꽃 눈부신 오후
> 아이들이 운동장에 협동화를 그린다.
> 날랜 아이가 윤곽을 그려나가면
> 또 어떤 아이는 세밀한 부분을 그리고
> 또 어떤 아이들은 그 선 위에
> 백회 옷을 입혀 나갔다.
> 도드라진 그림을 자랑하는 재주와
> 꼬끔한 흙알을 밀어 올리는 선의 예술이
> 파노라마로 펼쳐진다.
> 봄을 자랑하는 나무처럼 푸른 아이들이
> 꿈을 싣고 오대양 육대주를 출항할 배처럼 보였다.
>   -「삶의 바다로 출항하는 시」 전반부

아이들이 세계를 무대로 하여 꿈을 펼쳐 나가기를 바

라고 있습니다. 이 비좁은 한국에서 아옹다옹 다투지 말고 봄을 자랑하는 저 나무들처럼 푸른 아이들이 꿈을 싣고 오대양 육대주를 누비기를 축원하고 계시네요.

> 부두에 만국기가 펄럭이고
> 뱃머리에 태극기가 선명하다.
> 출항의 뱃고동 소리가 길게 울었다.
> 나무막대기는 붓이 되고 백회는 물감이 되는
> 동심들이 펼쳐놓은 꿈 잔치
> 다듬잇살같이 여물어 갈
> 시인이 되고 화가가 될 것이다.
> 꿈을 실은 수만 톤의 배
> 거센 파도 힘차게 헤쳐 갈 것이다.
> ―「삶의 바다로 출항하는 시」 후반부

그 아이들 중에는 시인도 나올 것이고 화가도 나올 것입니다. "꿈을 실은 수만 톤의 배/ 거센 파도 힘차게 헤쳐 갈"테지요. 세계에 이름을 떨친 한강 소설가와 박수근·이응로·천경자·이중섭·김창열 같은 화가를 키워낸 사람은 초중고의 선생님이 아니었을까요. 아이들이 뛰어놀고 있는 학교 운동장을 떠났지만 이제 김일곤 선생님은 자신의 시세계를 펼쳐 보여주고 계십니다. 삶의 바다로 출항한 이는 어린 제자가 아니라 김일곤 선생님 자신이었습니다. 지금부터는 선생님의 또 좀 다른 시세계를 살펴보고자 합니다.

만장이 적막을 뒤흔든다.
세 들어 살던 딱따구리
구상의 백골을 촛대처럼 세워놓고
온 산골 떠나갈 듯 곡을 한다.

무덤 앞에
벽소령 청풍 한 잔 따라놓고
장터목 솜사탕 안주 한 봉지 올리니
연하천 물소리 안주 집어 든다.
하얀 바람꽃 한 송이 향불을 사르고
울컥울컥 절을 한다.

천왕봉 천문天門을 걸어 잠근
구상나무 삼절은 말이 없고
묘지를 흔드는 한 모라기 바람이
풀잎 어깨를 들썩인다.

한 채씩의 적막을 짓고
죽어서도 천년을 견디어야 할 구상의 날들을
떠올리다 산길을 내려온다.

구상나무는 비구상이 되어
산도깨비처럼 서 있다.

  - 「구상나무 기억제」 전문

 구상나무라고 있지요. 소나무과에 속하는 상록침엽교목으로 모양이 아름다워 관상수로 좋고 목재는 재질이

훌륭해 가구재 및 건축재 등으로 사용되고 있지요. 그런데 이 시는 한국형 나무인 구상나무의 외양을 예찬하는 시가 아니네요. 묘지에 갔더니 구상나무가 묵묵히 배례를 보고 있습니다. 사람이 죽어 관 속에 안치되어 있는데 무덤 앞에 벽소령 청풍 한 잔 따라놓고 장터목 솜사탕 안주 한 봉지 올리니 참 허무하고 허망합니다. 연하천 물소리 안주를 집어 든다는 표현도 그렇고, 具象과 非具象 즉 추상으로 나눈 마지막 연도 절창입니다. "구상나무는 비구상이 되어/ 산도깨비처럼 서"있으니 선생님의 구상나무 기억제는 비애를 넘어 비극으로 완성됩니다. 도대체 누가 세상을 떴는지 궁금합니다. 가족입니까 첫사랑입니까. 이번에는 사람의 죽음이 아니라 생선의 죽음을 다룬 시를 한 번 보겠습니다.

붉은 도미 한 마리
손가락 총 맞고 쓰러졌다.

한 뼘 길이의 생존을 늘려 보기 위해
수족관 바닥에 엎드려 보지만
한 번의 파란波瀾이 고요를 뒤집고 간다.

강태공 영웅담이 오고 가다 멎고
둥근 백자 위에
천사채 분묘 한기 서쪽으로 기운다.

소주 맛을 어찌 알까마는

술자리 앞에 조용히 누운 그녀
천명이 다한 눈치다.

송별연 자리
다듬잇살 같은 꽃잎들 한 잎 한 잎 떠나고
순장殉葬의 길 가는
벚꽃 한 가지 선득선득하다.

그제야
엄지척 세우는 주인장
화대를 챙긴다.

-「순장」 전문

 붉은 몸의 도미 한 마리를 술자리 앞에 조용히 누운 그녀로 표현했습니다. 손가락질에 선택된 수족관 속의 도미라 어쩔 수 없이 식탁에 올라와야 하지요. 순장은 왕이나 귀족이 죽었을 때 살아 있는 신하나 종을 함께 묻는 고약한 옛 풍습인데 이 시에서는 도미가 신하나 종의 역할을 하고 있습니다. 순장의 대상이 된 불쌍한 도미, 주인은 잘 골랐다고 엄지척을 세우니 참 비정한 세상입니다. 산낙지도 그렇고 불쌍한 어류가 어디 한두 마리입니까. 이제 농사일지를 한 번 펼쳐볼까요?

 푸른 서슬을 따라 내려가/ 둥근 세상 밑을 만져보면/ 천하를 휘어잡을 듯 땅바닥 불끈 끌어안은 양파/ 간절함이 매운 경계를 선다.// 세상 밑은 가볍고/ 거들먹거리는 이도 많은데/ 땅바닥 기면서도 밑 잘 가꾸었다.// 감자 밑 풍경을 달아보고/ 마늘 밑이 익은 데까지 걸린 거리 재어보고/ 뒤꿈치 높은 땅콩 철학 한 대목 밑도 생각해 보고/ 자작나무 한 땀 한 땀 가꾸어서/ 천왕봉 뻐꾹새 잘 깎아 파는/ 목각 새 공방, 공 서방 밑도 만난다.// 위를 탐하고 좋아했으나/ 텃밭을 만나고 자연에 눈 풍경 돌리면서/ 밑쪽으로 기울었다.// 세상 반찬 든든한 밑을 지켜주는/ 질긴 근성을 좋아한다./ 둥글고 푸른 서슬을 못내 흠모한다.
ㅡ「밑의 무게 달기」 전문

밑은 땅이고 위는 지상이겠지요. 뿌리는 땅의 수분과 양분을 빨아들이므로 양파, 감자, 마늘, 땅콩 할 것 없이 잘 먹으려면 밑을 잘 가꾸어야 합니다. 위를 탐하고 좋아하면 수확이 없고 봉변당하기 십상이지요. 세상의 반찬을 만드는 든든한 밑을 지켜주는 질긴 근성을 좋아하신다니 요즈음 농사를 짓고 계시나 봅니다. 정년퇴직 후 농사에 취미를 붙인 내력이 다음 시에 더욱 자세하게 나옵니다.

정년퇴직은 뜬구름 놀이터였다.
하품이 몰려올 때면 나는
흰 구름 역 2번 출구로 나가
극락강 슬하에 하늘 텃밭을 가꾸었다.

드림 흥정하듯 허공의 이랑에 씨앗을 붓고
해와 바람과 별과 농사를 지었다.

욕망의 풀은 강물이 매고
무료의 풀은 흰 구름이 매고 갔다.
소출도 없는 농사였다.

바람의 신발 한 켤레가
다 닳은 후에야
인생 팔레트에 유채색을 채운다.
흰 구름 역 2번 출구로 나갈 때면 언제나
나를 맞아 주는 제2의 인생 텃밭

흙 속에 호미 넣고 흙냄새 맡으며
됫귀 풍성한 텃밭을 가꾼다.
오이꽃 선반을 놓고, 깻잎을 따고
저문 저녁 씨감자 눈을 캐는
인생 텃밭 몇 평

-「흰 구름 역 2번 출구」전문

  소출도 크게 없는 농사이니 심심파적인 게지요. 소일삼아 제2의 인생 텃밭을 가꾸니 자연이 친구요 오이와 깻잎, 감자가 자식입니다. 까불이 아이들, 눈치 빠른 선생님들, 불만 많은 학부형들을 매일 만나 뭐라 뭐라 말을 해야 했는데 이제는 자연이 선생님의 말귀를 알아듣겠네요. 저는 도시에서 자라 농촌 체험을 한 적이 없습니다. 그래서 정년퇴직 이후에 할 일이 없어서 벌써 걱정인데 선생님을 뵙고 조언을 들어야 하겠습니다. 매일 학교에 갈 때는 산천의 초록 빛깔도 제대로 인식하지 못했을 텐데 지금은 자연의 품에 안겨 귀거래사를 쓰고 계시니 마냥 부

럽습니다.

>자기 한 몸 앉고 설 자리라면
>초록을 입고 바르면서
>저마다
>누군가를 기다리며 축제를 연다.
>아마도 나무의 정령인지
>그에게서 생명의 기운을 얻는다.
>기도처럼 잎이 돋아나고
>꽃이 피어 반긴다.
>땅에서도 바위틈에서도
>콘크리트 벽에서도
>생명의 깃발을 흔들 때면 화양연화花樣年華다.
>간이역 측백나무 울타리
>어떤 모서리도 근심도 걸어두지 않는 곳
>거미가 지은 집 처마에
>아침 햇살이 묻은 이슬이 뽐내고
>누가 놓고 갔는지
>초록 향수병이 걸려있다.
>나무에 기대는 날이면 저 초록들
>내가 가지기에는
>너무나 찬란한 빛이다.
>―「초록은 모서리가 없다」전문

우아, 정말 자연이 놀랍습니다. 어떤 화가보다도 더 잘 색깔을 선택하고 농담濃淡을 잘 조율하고 있습니다. 나무의 생명력과 꽃의 기력이 온 세상의 색깔과 냄새를 바꿔

놓고 있습니다. 보도블록 사이에서도 벽의 틈새에서도 초록색을 띤 것들이 고개를 내밉니다. 그것들이 생명의 깃발을 흔들 때면 화양연화花樣年華지요. 나무가 하는 일 중에는 산소를 내뿜는 것이 있는데 이것을 초록 향수병이라고 했습니다. 맞습니다. 산소뿐만이 아니라 신선한 향기를 우리들에게 제공합니다. 그러니 올해 연이어 일어난 산불 뉴스를 접하고 얼마나 가슴이 아팠을까요. 자연이 선물한 초록빛을 "내가 가지기에는/ 너무나 찬란한 빛"이라고 했습니다. 이 세상에는 이 찬란한 빛을 노래하는 이가 있어야 하지 않겠습니까.

저는 이번에 출간하는 제3시집이 생의 마지막 시집이라고 생각하지 않습니다. 이제 막 항구를 떠났으니 제4시집, 제5시집을 부모님으로부터 물려받는 그 성실성을 바탕으로 꾸준히 쓰고 펴내기를 바랍니다. 특히 남도의 서정과 가락을 잘 잇고 더욱 발전시키는 일에 혼신의 열정을 불태우기 바랍니다. 늘 건강하시기를 빌며, 선생님께 올리는 편지 여기서 줄이도록 하겠습니다.

2025년 5월 5일
이승하 올림.